BEI GRIN MACHT SICH IHR WISSEN BEZAHLT

Bibliografische Information der Deutschen Nationalbibliothek:

Die Deutsche Bibliothek verzeichnet diese Publikation in der Deutschen National-bibliografie; detaillierte bibliografische Daten sind im Internet über http://dnb.d-nb.de/ abrufbar.

Impressum:

Copyright © 2011 GRIN Verlag
Druck und Bindung: Books on Demand GmbH, Norderstedt Germany
ISBN: 9783656354338

Dieses Buch bei GRIN:

https://www.grin.com/document/207978

Judith Zylla-Woellner

IT-Outsourcing als Information Strategy

GRIN Verlag

Hochschule für Wirtschaft und Recht Berlin
Institute of Management Berlin

MBA – Dual Award

Hausarbeit | Information Strategy

IT - OUTSOURCING

INHALT

EINLEITUNG

Kürzlich verkündete Apple die Einführung des eigenen Cloud Computing Services für I-Tunes und folgt damit einen unaufhaltsamen Trend der Auslagerung von Daten, Software, Dienstleistungen.

Cloud Computing bietet Usern nunmehr die Möglichkeit alle Dokumente, Mails, Kontakte und Termine auf jedem Gerät überall auf der Welt zu synchronisieren und stellt damit die modernste und vielversprechendste Form des IT Outsourcing dar.

Bei 50 Prozent aller befragten CIOs ist das Thema Outsourcing fester Bestandteil der IT Strategie und bereits 70 Prozent der Unternehmen verfügen über Erfahrung mit IT-Outsourcing.

Zukünftig werden noch mehr Unternehmen ihren Eigenleistungsanteil reduzieren.

Laut einer Studie von Capgemini bezifferten Unternehmen im Jahr 2009 den Eigenleistungsanteil auf 61 bis 100 Prozent. Im Jahre 2010 waren es nur noch 1 bis 30 Prozent.

In diesem Zusammenhang unterscheidet man die meisten Unternehmen in zwei Kategorien Buyer und Maker.

Bei den Buyern handelt es sich um Unternehmen deren Eigenleistungsanteil unter dem Durchschnitt liegt, wohingegen die Maker einen überdurchschnittlichen Eigenleistungsanteil praktizieren.[1]

Über Gründe, Vor- und Nachteile sowie Auswirkungen des IT Outsourcing wird in den folgenden Seiten ein kurzer Überblick gegeben.

---

[1] Vgl. Capgemini 2011, S. 20 ff

DEFINITION & URSPRUNG DES (IT) OUTSOURCING

Outsourcing setzt sich aus den englischen Begriffen outside – resource – using zusammen und ist eigentlich ein Kunstwort mit der Bedeutung „Nutzung externer Ressourcen".

Das heißt, dass Unternehmen einen bestimmten Teil ihrer Ressourcen bzw. die dauerhafte Auslagerung von bisher unternehmensinternen erbrachten Leistungen in die Verantwortung von Dritten übergeben.

Die Leistung solcher Outsourcing Dienstleister umfassen Planungs-, Steuerungs- und Kontrollfunktion der betrieblichen Informationsverarbeitung.

Seinen Ursprung hat das Outsourcing in den 80er Jahren in den USA und ist somit seit ca. 30 Jahren Teil der Unternehmenspraxis.

Wenig später war Outsourcing auch in Europa relevant und beschäftigt sich mit der zentralen Frage vieler Unternehmen „Eigenerstellung oder Fremdbezug" | „Make or Buy".

Hier müssen Unternehmen entscheiden wie die Wertschöpfungstiefe gestaltet und welche Teile der Wertschöpfungskette von externen Dienstleistern übernommen werden sollen.

Das IT Outsourcing im speziellen, fand seinen Ursprung in den 90er Jahren mit der ersten operativen und strategischen Auslagerung von Informationsverarbeitung und IT-Outsourcing Anbietern wie EDS.

Um IT Outsourcing klar abzugrenzen bzw. identifizieren zu können müssen drei wesentliche Kriterien erfüllt sein:

- Permanente bzw. langfristige Übertragung von Komplett- oder Teilleistung auf eine externes Unternehmen

- Der Outsourcing Anbieter muss ein eigenständiges wirtschaftliches Unternehmen sein, welches auch geschäftliche Beziehungen zu anderen Marktpartnern pflegt
- Individuelles vertragliches Abkommen zum Dienstleister und Empfänger

Rechtliche Grundlage für Outsourcing Projekte bilden Service Level Agreements, die eine verhandelte schriftliche und standardisierte Vereinbarung zwischen dem IT - Dienstleister und dem Leistungsempfänger darstellen.

Im Service Level Agreement werden Anforderungen an Qualität, Quantität und Kosten genau definiert z.b. maximale Reaktionszeit bei Störungen, Verfügbarkeit, Fachpersonal etc.[2]

FORMEN DES OUTSOURCING

Beim Outsourcing wird in erster Linie zwischen internem und externem Outsourcing unterschieden.

Wobei internes Outsourcing durch die Gründung eines eigenen Dienstleistungsunternehmens charakterisiert wird.

Externes Outsourcing beschreibt hingegen die klassische Auslagerung an einen auswärtigen Dienstleister und wird in drei Varianten unterteilt:

- Selektives Outsourcing | dabei wird ein gewisser Aufgabenbereich in die Hände eines externen Anbieters gegeben
- Komplettes Outsourcing | ist die vollständige Auslagerung eines Leistungsbereichs und umfasst Ressourcen, Aufträge und Managementverantwortung

---

[2] Vgl. Schwarze et al, S.6 ff

- Business Process Outsourcing | Übertragung eines kompletten Geschäftsprozesses und der dazugehörigen Verantwortung[3]

In der DACH Region (Deutschland, Österreich und Schweiz) gibt es ca. 100 Outsourcing Provider, wobei der DACH Markt von fünf großen Anbietern dominiert wird.

In Deutschland haben diese fünf Anbieter IBM, T-Systems (allein 13 Prozent des Marktanteil), Hewlett-Packard, Siemens IT Solutions & Services und Atos Origin zusammen einen Marktanteil von ca. 45 Prozent.

Trotzdem ist der Markt sehr umkämpft und andere Outsourcing (Nischen-) Anbieter wie Accenture, Computacenter, Wincor Nixdorf und Fujitsu versuchen erfolgreich Marktanteile dazuzugewinnen.

Zunehmende Konkurrenz und erhebliche Schwierigkeiten machen Cloud Computing und Software as a Service (SaaS) den traditionellen Outsourcing Anbietern. Zu diesen spezialisierten Anbietern gehören z.B. Google und Amazon.[4]

---

[3] Vgl. Willand, S.11
[4] Vgl. Schaffry, A.; S. 1

GRÜNDE FÜR IT OUTSOURCING

Das vorrangige Ziel von Outsourcing ist die Reduzierung von (Fix-) Kosten aber auch durch das Unternehmen motivierte Restrukturierungen und Neupositionierung sowie erhoffte Wettbewerbsvorteile (z.B. finanzstrategische) des Unternehmens im Markt.

Die Kostengründe für die Entscheidung von Auslagerung sind von großer Bedeutung, denn auch die Verbesserung der Planbarkeit von Kosten des IT-Bereichs und die Steigerung der Kostentransparenz gehören dazu.

Die Vermeidung von hohen Investitionsaufwendungen für neue Informationstechnologien (z.B. Hard- & Software) sind ein weiterer Grund für das Hinzuziehen von externen Dienstleistern.

Auch Human Kapital kann Motivation für Outsourcing sein, somit vermeidet man Rekrutierungsschwierigkeiten für qualifiziertes Fachpersonal, verringert den Personalbestand im IT Bereich und vermeidet eine Abhängigkeit von Spezialisten Know-How.

Damit einher geht der Vorteil einen besseren Zugang zu speziellem IT Know How zu erhalten, welches selber nur schwer aufzubauen bzw. zu finanzieren wäre. Außerdem kann man modernste Technologien ohne große eigene Investitionen nutzen.

Ein wichtiger Aspekt ist die Konzentration von Finanzmitteln auf das Kerngeschäft und die Freisetzung von personellen Kapazitäten für essentielle Aufgaben.

Außerdem wird insbesondere die IT-Abteilung von Maintenance Aufgaben der Softwarewartung entlastet.

Ein weiterer wesentlicher Motivationsgrund für Outsourcing, ist aufgrund der zunehmenden technischen Komplexität die Verlagerung des Risikos auf den Dienstleister.

Auch eine Erhöhung der Datensicherheit ist gegeben z.B. durch Ausweichrechenzentren. Damit kann eine hohe Qualität bei synchroner Risikoreduzierung realisiert werden.

Zudem werden Unternehmen die outsourcen flexibler und halten dem schnell und ständig fortschreitendem Wandel stand.[5]

URSACHEN FÜR SCHLECHT LAUFENDE OUTSOURCING PROJEKTE

Trotz der Einsetzbarkeit des Outsourcing in allen Unternehmensbereichen sollten die Kernkompetenzen eines Unternehmens im selbigen verbleiben und Nicht-Kernkompetenzen auf Ihre Outsourcing-Möglichkeit erwägt werden.

Von hoher Wichtigkeit ist Chancen und Risiken je nach Unternehmung abzuwiegen und umfangreich zu berücksichtigen.

Ein nicht seltenes Problem bei Outsourcingprojekten sind nicht antizipierte und überraschend entstehende Kosten, die nicht vertraglich geregelt wurden.

Ein weiteres Problem kann die gelieferte Qualität sein, denn viele Dienstleister erfüllen weder die Qualitätsziele noch gestellte Leistungsanforderungen nach Vertragsabschluss wie gewünscht.

Aus diesem Grund ist es nicht unüblich, dass die so genannten Service Level Agreements bzw. Verträge nachverhandelt werden bzw. es zur Vertragskündigung kommt.

Danach stellt bei problematischen Outsourcing Deals bei 59 Prozent die mangelnde Leistung das Defizit dar und bei 15 Prozent sind Kostenüberschreitungen Kern der Unzufriedenheit.

---

[5] Vgl. Dillerup R., S.64 ff

Folge solcher Probleme sind 44 Prozent der Fälle Vertragskündigungen, 32 Prozent Rechtsstreit oder Neuverhandlungen um eine Gefährdung der Geschäftsbeziehung abzuwenden.

So ist es nicht unüblich, dass die zunächst ausgelagerten Leistungen auch wieder in das Unternehmen zurück geholt werden.[6]

Bei den meisten IT Outsourcing Projekten werden ein gelungenes Vertragskonstrukt als Basis für eine erfolgreiche Outsourcing Beziehung unterschätzt. Auch die Koordination, Projektmanagement und Kommunikation zwischen Unternehmen und Dienstleister tragen erheblich zum Gelingen bei.

CLOUD COMPUTING EINE WEITERENTWICKLUNG DES OUTSOURCING

Das klassische IT Outsourcing ist wesentlich älter, bekannter und etablierter als Cloud Computing.

Cloud Computing könnte man als Unterkategorie oder Weiterentwicklung des Outsourcings beschreiben, welche der schnellen Entfaltung der Internet-Infrastruktur und der Server- sowie Softwareentwicklung zuzuschreiben ist.

Cloud Computing umreißt im Wesentlichen das Auslagern von Daten, Software und Speicherplatz vom heimischen bzw. beruflichen PC in das Internet.

Damit werden Daten nicht mehr lokal auf dem eigenen System gespeichert, sondern auf zentralen Servern im Internet abgelegt und können somit ortsunabhängig genutzt werden.

Zu den wichtigsten Anbietern und Diensten des Cloud Computing gehören Google Office, DropBox zur Datenspeicherung, PicasaWeb zum Speichern von Fotos und Clouddrive von Amazon für Musik,

---

[6] Vgl. Schwarze, L. et al., S. 13ff

Videos etc. Einen eminenten Vorteil dieser Outsourcing Variante gehört ganz sicher die ständige Verfügbarkeit der hinterlegten Daten (Internet vorausgesetzt) sowie das große Einsparpotential von fixen Kosten z.b. Wartungskosten. Zudem muss die Software nicht auf den eigenen PC installiert werden und die Daten werden regelmäßig gesichert.

Auch die Hardwareanforderungen an den verwendeten PC sind sehr gering, was die Benutzung sehr einfach und bedienerfreundlich macht. Ein weiteres Esset ist die mögliche Bearbeitung von gemeinsamen Dokumenten.

Man unterscheidet beim Cloud Computing zwischen:

- Software as a Service (SaaS) | direkter Zugang zu bestimmten Anwendungen über das Internet z.b. Email, Kalender
- Platform as a Service (PaaS) | Angebot spezieller Anwendungen für Endnutzer auf Grundlage einer umfangreichen Entwicklungsumgebung
- Infrastructure as a Services (IaaS) | Nutzung von Hardwarefunktionen nach Bedarf z.b. Speicherkapazitäten, Rechenleistung

Im Vergleich zum klassischen Outsourcing besteht der größte Unterschied darin, dass sich Cloud Computing nur auf Dienstleistungen und Services aus dem IT-Bereich bezieht z.b. das Bereitstellen von kompletten Applikationen oder einfach nur von Rechnerperformance und Speicherplatz. Outsourcing hingegen wird auch in anderen Unternehmensbereichen angewandt z.b. Lohn- & Gehaltsabrechnung. Das Hauptübertragungsmedium des Cloud Computing ist ausschließlich das Internet.[7]

---

[7] Vgl. Pavel, F. et al, S. 10 ff

DIE AUFGABEN DES CIOS BEI OUTSOURCING PROJEKTEN

Auf den ersten Blick erwartet man von einer IT Abteilung und dem CIO die Zurverfügungstellung einer funktionstüchtigen IT Infrastruktur im Unternehmen und die Übernahme einer Dienstleistungsfunktion bei IT-Problemen.

CIOs selbst sehen sich allerdings eher als Business Partner des Managements, mit der Verantwortung für die Umsetzung von geschäftlichen Ansprüchen in technische Lösungen.

Zudem sind sie immer häufiger als Vermittler zwischen der jeweiligen Fachabteilung und der IT für einen funktionierenden Workflow tätig.

Entscheidet sich ein Unternehmen bestimmte IT-Anwendungen an einen Dienstleister auszulagern, ändern sich zwangsläufig die Aufgaben des CIOs.

CIOs die bis dato eher fachlich und operativ mit Systemen, Netzwerken und der unternehmensinternen Infrastruktur arbeiteten, werden zu internen Dienstleistern und Projektmanagern.

Die neuen Aufgaben werden primär dadurch charakterisiert, dass CIOs sich um die ordentliche Ablieferung der vereinbarten Leistungen durch den Dienstleister kümmern müssen d.h. die Einhaltung der Service Level Agreements und ggf. deren Adjustierung.

Dies beinhaltet die Schaffung von Standards, Prozessoptimierung und die Einhaltung von Budgets.[8]

---

[8] Vgl. Capgemini 2010, S. 16 ff

LITERATUR- & QUELLENVERZEICHNIS

- **Capgemini** – Studie IT- Trends 2010, Die IT wird erwachsen, www.capgemini.com; 30.05.2011

- **Capgemini** – Studie IT- Trends 2011, Unternehmen fordern wieder Innovation, www.capgemini.com; 30.05.2011

- **Dillerup,** Ralf et al, Outsourcing- eine strategische Option zur Optimierung der Leistungstiefe, VDI-Z, S. 64-66

- **Pavel,** F. et al – Cloud Computing: Großes Wachstumspotential, Wochenbericht des DIW Berlin Nr. 48/2010

- **Schaffry,** A. – Die großen Outsourcing Anbieter verlieren, CIO, http://www.cio.de/knowledgecenter/outsourcing/2245003/; 10.06.2011

- **Schwarze,** Lars et al – IT Outsourcing – Erfahrungen, Status und zukünftige Herausforderungen, HMD 245

- **Willand,** S. – IT Outsourcing - Seminarpapier, Fachhochschule Liechtenstein